JN438267

안나푸르나 가는 길

시와문화 시집 46

안나푸르나 가는 길

장우원 시집

시와문화

■시인의 말

마음에 두고 있었던 산
히말라야 안나푸르나
짧은 여행
강렬한 기억
생의 방점 하나 찍습니다

빙벽을 탄 것도 아니고
크레바스를 건넌 것도 아닙니다
그냥 걸었습니다
당신이 사는 곳
당신이 바라보는 그 산을 오르듯

일천한 사진
나무라지 마시길
곁들여 詩와 버금하기를!

2020년 가을 장우원

|차례|

2부 느린 걸음으로

3부 설산 저기에 누군가

4부 외등이 있는 골목

1부
숲을 생각하다

혼자인 시간

마차푸차레*가 보이는군요.
단박에 숨이 멎고야 마는 산

포카라 숫구멍인 듯
홀로 서 있네요.

구름 거두고 불쑥 나타나
눈에 들어도
가늠하기 힘든 거리

당신과 나의 거리

햇살 잠깐 좋은 오후
설산을 앞에 두고
술잔은 하나

나도 혼자 앉아 있습니다.

*Machapuchare : 네팔인들이 신성하게 여기는 히말라야 6,993m 봉우리. 아직까지 등정한 사람이 없었고 현재는 등반이 금지된 상태다.

숲을 생각하다

나무가 덩굴을 업고
덩굴은 또 다른 나무를 붙들고

숲을 이루었습니다.
히말라야의 숲

당신과 나
손을 내밀어 숲이 되기에는
우리 둘 사이
그리움의 깊이가
너무, 얕습니다.

움직이는 힘

짊어져야 할 삶의 무게가 얼마인지
여기서는 보입니다.

제 삶을 감당하고
산을 오르는 사람은
모두 등이 휜 채 걸어갑니다.

얼마나 더 휘어야
다시 펼 수 있을지
굽혀 보지 않은 사람은
짐작할 수 없습니다.

꼿꼿이 허리 편 채로
산을 오르는 이 부끄러움은
여기 히말라야에서
온전히 제 몫입니다.

걸음을 예감하듯

있어야 할 곳에
어김없이 놓인 돌들

누군가 손으로
그 돌들을 옮긴 후
너비를 가늠하고
턱턱
발힘으로 눌렀을 것입니다.

비 오는 히말라야
그 돌들을 밟고 갑니다.

흙탕물을 피하고
진창을 건넙니다.

히말라야를 오르는 발걸음은
징검돌에 숨은
사람을 더듬는 일입니다.

노새가 잠드는 시간

노새가 지난 자리
발 딛기 좋은 자리

사람만 가진 게 아닙니다.
마음을 헤아리는 눈
그래서

설산이 전하는 말
방울에 쓸어 담고
노새는
고요가 깃든 마구간에
조용히 풀어놓습니다.

노새가 잠을 잘 때
빗소리에 잠 못 드는 내 사연
워낭에 실어 당신께 보낸 뒤

노새의 눈을 갖고
노새처럼 편안하게
나도 깊이 잠들고 싶습니다.

경계境界

경계는 도발을 자극합니다.

울타리가 없는 집
담도 없는 집

히말라야 집들은
경계를 허물고
자연처럼 서 있습니다.

들어도 자연
나서도 자연

당신을 에워싼 경계도
사실은
내 욕망의 한계라는 것
경계를 지워야
비로소 다가갈 수 있다는 것

창틀 가득
히말라야가 답을 합니다.

건축학 축지법

집은 짓는 것이 아니라
옮겨 오는 것입니다.
여기, 히말라야에서는

작은 못부터
묵직한 철근까지
얇은 유리와 굵은 석재
시멘트의 저 견고함까지

사실은
산 아래에서 옮겨 왔습니다.

허리 휘도록 져 나르며
흘린 땀방울들 섞은

육신의 강건함이
평온한 집을 담보합니다.

눈 덮인 히말라야
그래서 쓸쓸하지 않습니다.

가난한 알프스

가난한 알프스라
부르지 마세요.

네팔은 네팔일 뿐
히말라야는 히말라야일 뿐

가난은
인간의 언어

히말라야를
가두려 하지 마세요.

노을 지는 오르막에서

노새가 짐을 나릅니다.
짐꾼도 짐을 나릅니다.

노새는 주인 몰래 풀을 뜯습니다.
짐꾼은 쉬면서 땀을 훔칩니다.

땅에 남은 노새 발자국
짊어진 짐만큼 또렷하고

땅에 벗겨진 짐꾼 발꿈치
짊어진 짐만큼 닳아지고

노새나 짐꾼이나
짐꾼이나 노새나

저물녘까지 짐을 나릅니다.

해가 빨리 지는 히말라야
그나마 다행입니다.

꽃의 운명

마음대로 핀 꽃은 없습니다.

때를 기다려 싹을 틔우고
날을 기다려 꽃을 피운 뒤
흰 눈 내리면
지상과 이별합니다.

뿌리는 뿌리대로
씨앗은 씨앗대로
미련을 두지 않습니다.

해와 달이 뜨고
해와 달이 지듯이
누구나 아는 일입니다.

그러나 그 꽃이 다시 피는지
아무도 걱정하지 않는 일이기도 합니다.

당신 향해 자라던 꽃도
그렇게 잊혀진 지 오래 되었습니다.

히말라야는

아무 말이나 해도
아프지 않을게요.

오던 그대로
돌아가 주세요.

몸을 누이더라도
풀처럼 새처럼
있는 그대로 두고 가세요.

히말라야
상처 나지 않도록

다음 생에도
당신을 찾을 수 있도록

시답잖은 변명

마을이 끝나는 곳에
벼는 심지 않습니다.
벼를 심지 않은 땅에도
사람은 있습니다.

벼는 볼 수 없어도
사람은 안 볼 수 없는 이유

쌀보다 사람이 먼저인 이유

해발 3천 넘어 걷다 보면
저절로 느낄 수 있습니다.

다 버리고 떠나도
사람을 생각하는 이유
사람을 의지하는 이유

내가 다시
도시로 돌아가야 하는 이유
당신을 피할 수 없는 이유

2부

느린걸음으로

지쳐 앉아 있다

얼마나 더 가야 하는지요?
모릅니다.

당신이 안내자 아닌가요?
허나 걷는 사람은 당신입니다.

당신이 갈 거리를
내가 정할 수는 없는 일이지요.

나는 그저
가는 방향만 보여 줄 뿐입니다.

느린 걸음으로

천천히 걸어야 보입니다.

늗개에 가린 숲
늗개가 삼킨 산

고개를 넘는 바람에 밀려
느리게, 느리게
옷 벗는 히말라야

산에 드는 일은
서툴지라도
힘들더라도
더디 가야 쉽습니다.

눈인사를 하는 꽃
팔 벌리는 나무들
안개를 쪼아 먹는 새 울음까지

히말라야는
천천히 걸어야 온전히 다가옵니다.

물이 이르는 말

물은
길을 끊자는 것이 아닙니다.

멀어져 잊히다
다시 그립듯

물은
새로운 길을 만들어 줍니다.

징검다리 하나 놓고
그리움 이끄는 대로

낮은 곳을 찾는 물처럼
당신께 흐르겠습니다.

흘러서 다시 만나는 길
찾겠습니다, 물처럼

시공時空의 거리

지나온 길은
숲이 지웠습니다.

지나온 숲은
안개구름이 가두었습니다.

눈에 보이지 않아도
길은 이어지고

눈에 보이지 않아도
숲은 제자리에 있습니다.

당신과 나 사이
길은 거리를 뛰어넘고
숲은 시간을 거스릅니다.

그립다는 말
소리 내지 않아도
벌써 가닿은 까닭입니다.

나마스떼*

먼저 가세요.
아주 먼저는 말고

지나간 자리
당신이 스친 꽃

거기에 담긴 내음

비바람으로 지기 전
따라가
눈 맞출 게요.

먼저 가세요.
아주 먼저는 말고

*Namaste : 네팔, 인도 등 힌두교 문화권 인사말.

높이 오를수록

높은 곳에 뿌리 내리면
멀리 볼 수 없습니다.

자연스레 낮아지는 욕망

저 작은 들꽃들
흔들리며 알려 주고 있습니다.

사람살이도 이와 같아서
높이를 키우는 일보다
뿌리를 다지는 일이 우선입니다.

당신 체온을 기억하듯
땅 밑 손잡은 저 뿌리들

긴 겨울을 이겨 내고
짧은 개화를 맞는 것처럼

마음속 뿌리 하나 기댄 채
히말라야에서 나도 낮아집니다.

발이 숨을 알아듣고

쉬었다 오세요.
천천히 걸을 게요.

앞서 나선들
결국은 만날 것
당신도 알고 있잖아요.

처음부터 정해진 목숨처럼

우리가 다다를 히말라야는
그 자리
그대로

서둘러도 다가오지 않고
더디 가도 멀어지지 않아요.

그러니 걱정 마시고
숨소리 알맞게
올라오세요.

길

운무에 묻힌 길
보이지 않는다고
사라진 것은 아닙니다.

사라졌다고
없어진 것도 아닙니다.

발로는 디딜 수 없는 길
몸으로는 닿을 수 없는 길

나는 히말라야에서
그 길을 걷고 있습니다.
당신을 향해

때 늦은 후회

두고 온 것들
저 산 아래
너무 많은 줄 알았는데

등 뒤 작은 배낭 하나
이리 버거운 줄

버려야 할 것들
아직도 가득한 줄
산에 들고야 알았습니다.

당신께 짐 지운 말들
얼마나 아팠을지

어깨를 타고 내려와
이리 가슴 옥죄는 걸

안나푸르나 턱 밑
숨차고 나서야
비로소 느꼈습니다.

걷는 이유

갑자기 나타난 설산도
사실은
저 쌓인 눈의 깊이만큼
기다리고 있었습니다.

오래도록
한자리에서

기다려 본 사람만이
먼발치로 다가오는
쓸쓸함을 견딜 수 있습니다.

한자리에서
오래도록

당신의 쓸쓸함을 잊기 위해
나는 지금
히말라야를 걷는 중입니다.

날이 개이고

까박 잠이 들었나
웅성이는 소리에 눈 비비고
몸 뉘었던 롯지를 나옵니다.

구름 열리는 하늘
고산 두통도 잊고
에워싼 설산을 우러릅니다.

올라온 높이와 맞먹는 곳
걸어온 길이보다 훨씬 더 먼 곳

눈으로만 가닿는
당신은 어디에도 보이지 않고

나는
티끌 하나로 서 있습니다.

설산을 경배함

높아질수록 작아지는 키
풀도 나무도 사람도

설산을 향한 경배
설산 위 하늘을 향한 경배

마침내 모든 제물이 사라지고
흑백으로 남은 풍경
안나푸르나

새 한 마리 봉우리를 맴돌고
운무 속 무지개가 뜨면
살아 있다는 것만으로
시큰한 콧등

가까이 와서야 비로소 가늠하는
당신의 깊이

헤집어도 닿지 않는
아직도 까마득한 그 깊이

길이 없으니

나의 길은 여기까지

다시 눈이 쌓이어
왔던 길은 사라지고
새길이 돋을 때까지

처음 당신을 찾아갔듯
길을 내며 걸을 때까지

흐른 시간만큼
믿음이 두터워질 때까지

아무런 표식 없이도
온전히 발 디딜 때까지

안나푸르나 앞에서
사라진 길

돌아갈 수는 있어서
다행인 이 길

별

하늘 가까운 곳
별은 어디에 있는지

벌써 이곳을 다녀갔는지
아직, 다가오고 있는지

별 드믄 히말라야

어디까지 올라야 보일 것인지
별 하나 가슴에 둘 수 있는지

머리 가득 검은 구름을 이고
잠 아니 오시는 히말라야

당신을 헤아리듯
별을 찾아 서성이는 밤

3부

설산 저기에 누군가

카트만두 국내선 비행장

늙은 셔틀 버스는
쿨렁거리는 기침을 뱉으며
꽁무니 화물칸을 끕니다.

빗속에 좌선坐禪 중인 붓다 비행기*
어서 오라는 듯 팔을 벌리고
컨베이어 벨트도 하나 없이
손들이 바쁘게 짐을 싣습니다.

시간을 되돌리는 일이
이렇게 순간입니다.

안나푸르나
온몸으로 가야 한다는 뜻
말없이 알려 주고 있습니다.

*붓다 비행기 : Buddha Airlines

KAILASH

사람이 아니면

출입문도 울타리도 안 보이는
포카라 공항

포근합니다.

시골 간이역 같은
청사와 관제탑
그리고 수화물 찾는 곳

짐 하나에 눈길도 하나
바코드를 대신한 손글씨

사람 아니면
아무 일 할 수 없습니다.

사람이 우선이라는 말
여기가 제격입니다.

विमानस्थल POKHARA
WELCOME

선 없는 도로

패인 도로가
원래 길이었을까 싶게
포장 갈기갈기 뜯겨나간
포카라 외곽

혼돈은
선이 없기 때문이 아니라
선을 믿기 때문에 생깁니다.

당신과 나 사이
그어진 선

경계를 만들기도 하고
경계를 부수기도 하는 선

히말라야 가는 길처럼
선을 없앨 때

당신과 나
비로소 나아갈 수 있습니다.

TUBORG
Family Choice Shopping Center
OM DEVELOPMENT BANK
Fire Angel Cafe & Restaurant
ATM
RCI Paints
Mount Valley College

익숙한 풍경 하나

저녁에 비질을 합니다.
아침에도 비질을 합니다.

시누와* 롯지 구석구석
합장하는 안주인

향내는
산바람 앞서거니 뒤서거니
하늘로 퍼져 사라집니다.

합장에 맞추어
어둠도 조용히 내렸다가 일어서고
히말라야도 닫혔다가 열립니다.

풍경 소리 대신하듯
새 한 마리
고요를 타고 날아오릅니다.

마음눈이 맑아지는 시간입니다.

*Sinuwa : 안나푸르나 가는 길목 민가가 있는 마지막 마을 이름

돌아가는 길

중요한 것은
도로포장 여부가 아니라
길이 뚫렸다는 사실
앞으로 나갈 수 있다는 안도

길을 막은 굴삭기는
장애물이 아닙니다.

경적 한 번 안 울리는 운전사
굴삭기는 희망입니다.

기다리는 시간이 얼마이든
마큐에서 나야풀*

돌아가는 다른 길은 없습니다.

*Marque : 비포장 도로로 ABC 여정 중 차가 갈 수 있는 마지막 지점
Nayapul : ABC를 비롯 안나푸르나 일대 등산 출발점

KOMATSU

선계仙界를 탐하다

시누와 아래는 사람의 세상
시누와 위는 신의 세상
신의 땅이 시작되는 곳*

아시나요, 쇠고기는 안 돼요.
아시나요, 돼지도 안 돼요.
아시나요, 닭도 안 돼요.
물소고기도 살아 있는 노새도

신의 허락을 받은
염소나 양은 빼고
그러니 힘들다 말고
양인 것처럼 염소인 것처럼

허리 구부리고
몸을 낮춰
낮은 소리로 걸어가세요.

히말라야, 안나푸르나
신들이 주무시는 땅

*시누와 롯지부터 동물·육류는 염소나 양만 출입·식용 가능함.

Notice ! Notice Notice !!!
r Honorable Trekkers, we Would Like to Re ot to Take Chicken, Pork and Buffalo,
t in this Special Management Zone From Sinuwa to Annapurna Basecamp due to Ancient
efs, Holy Temple and Natural Secret Mountains. if so, Natural Calamities and Persona
dent May Occur, So We Hombly Request to Follow Such Specified
nk You.
-Tourism Sub-Managemant Committe

룽타*가 전하는 말

바람이 말을 몰든
말이 바람을 타든

평화를 보냅니다.
연민을 보냅니다.
힘과 지혜를 보냅니다.

펄럭이는 깃발
웅얼대는 경전

높이 매달수록 멀리 나아갑니다.

낡은 시간은 새 것을 낳고
새것은 낡은 시간을 닮습니다.
이렇게 우주가 운행을 하듯

당신께 가닿을 수 있기를
새살 돋아 흉터 지울 수 있기를

기도는 간절함의 현시顯示입니다.

*룽타 : '바람과 말(馬)'이라는 뜻으로 경전을 매달아 구원을 비는 헝겊

NAMASTE
ANNAPURNA BASE CAMP
(A.B.C. 4130 Mtrs)
Warmly Welcome to all Internal & External Visitors
(PLEASE DON'T PLACE ANY STRICKER,CARDS ON THIS BOARD)

설산 저기에 누군가

산이 되었답니다.
저렇게 멀리 와서
이렇게 힘들게 와서

티끌 한 줌 보태어도
변함없는 산
품 너무 아득하여
가늠 없는 산
그 산이 되었답니다.

들어도 흔적이 없고
나가도 기척이 없는
저 산
저 말없는 산

나는 죽어도
되기 싫은 산

도대체 될 수 없는
저 산

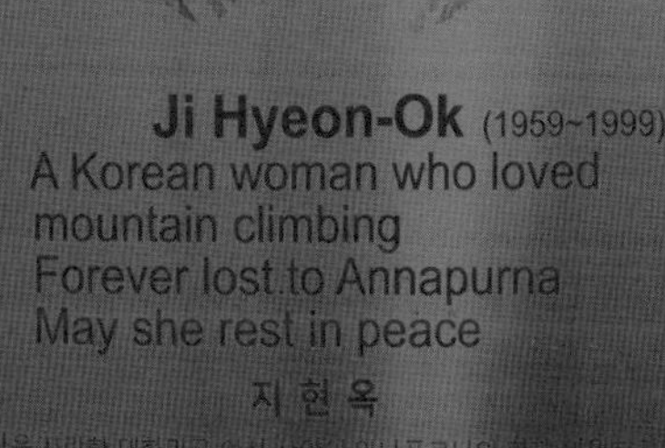
Ji Hyeon-Ok (1959~1999)
A Korean woman who loved
mountain climbing
Forever lost to Annapurna
May she rest in peace
지현옥
BASE CAMP
4,130m

물방울이 바위를 뚫듯

4층 호텔 객창 밑
해머 쥔 근육들 몇
집을 부숩니다.

바위가 물방울에게 구멍을 허락하듯
가난도 그렇게 부서질 수 있을까요?

믿기지 않는 시간

히말라야를 마중한 뒤
다시 그 호텔 객창 밑
집은 간데없습니다.

평평하게 다져진 땅
설산을 보는 것보다
경이로운 까닭은 무엇일까요?

물방울의 힘,
가난을 털어 내는 근육,
믿어야만 하는 찰나입니다.

떠돌이 개의 노래

잘 잤는가?
난 아직도 꿈꾸는 중이네.

간판 속 그림일망정
음식점 문이 열리기 전까지
저 많은 것들은
모두 내 것이라네.

나의 거처에 한기가 서려도
이 맛난 꿈이 있으니
내가 여태도 행복한 이율세.

앞으로도 행복해야 할 이율세.

헌데 자네는, 지금
꿈은 데리고 있는가?

Khaja Set
Paneer Butter Masala
Cheese Naan
Chicken Butter Mas
chicken chilly
chicken tandoori
Garlic Naan
kadai paneer

비행기 결항하다

바람 좀 불고
비 좀 부슬거리고
안개 좀 몰려다닙니다.

쌍발 여객기는 날개가 묶였습니다.

포카라에서 카트만두
200여 킬로미터, 6시간
쉬어 가면 7시간
그것도 막히지 않을 경우랍니다.

왕복 2차선
네팔에 하나뿐인 고속도로

동네를 지나고
시장을 비껴가고
사람들도 건너가고

비행기 아니라 마주한 풍경
히말라야가 주는 또 다른 기쁨

NEPAL POLICE
POLICE

계획은 계획일 뿐

닥쳐 보니 괜찮더군요.

만나야 할 것들
만나지 못했어도

다만 혼자는 익숙하지 않아서
누군가 그저 곁에 있으면 싶었지만

시간 흐르니 견딜 만하더군요.

잊어야 할 것들
잊히지 않았어도

다가가도 쉬 가깝기 어려워
그저 누군가 곁에 꼭 있으면 싶었지만

4부

외등이 있는 골목

쓸쓸한 화방

그림이 좋아 경영학을 버린
타만 수나르

그림 한 점 사고 나니
작품 촬영도 허락하고

그림 두 점 사고 나니
사진 함께 찍었어도

보낸 메일 답신도 없이
그렇게 잊힐 것입니다.

그가 그린 마차푸차레
페와 호수*에 흔들려 바래고 말 듯이

*Phewa 호수 : 네팔 포카라 시내에 있는 호수

OKOK

포카라, 객점

한국 아내와 네팔 남편
리트리버 두 마리 장난하듯
살갑습니다.

땅심 따라 작물이 다르다더니
이곳은 목소리 낮은 곳
나 또한 눈길이 순해지고 맙니다.

네팔 국내선 비행기 예약
안나푸르나 짐꾼 소개
정갈한 아침
다시 국내선 취소 수속
카트만두 행 차량 섭외까지

포카라 '꽃 피는 호텔' 주인 내외

낯선 곳을 익숙하게 하는 힘
낯선 이를 친숙하게 하는 힘

히말라야를 다시 찾게 하는 힘

촘롱*, 학교 가는 길

계단을 오르다 마주친 소녀들
하산길 나보다 더
걸음이 가볍습니다.

우주가 교행하는 찰나

낯선 사진기에
단정히 들어앉았습니다.

언어는 부질없어라
시간을 잡아 둔 시선

그때 나 또한 거기 있었을 뿐

*Chomrong : 해발 2,170m, ABC 가는 길 가장 큰 마을로 학교가 있다.

밤부* 산장지기

객실 처마 단정히 내걸려
흐드러진 한련화

가꾸는 손 마주 잡듯
미리 정겹습니다.

한련화 잎만큼이나
둥그런 그의 얼굴

손님 하나 들지 않아도
평화로 가득합니다.

*Bamboo 산장 : 해발 2,335m로 민가가 없는 첫번째 지역이다.

nnapurna Himalayan Range

포터 리네스

사는 게 다 그런 거지.

돈이 될 짐을 지고
쉴 참마다 담배로 한숨을 삭여도

일감을 얻고
일당을 벌고

다행인 거지.
행운인 거지.
앞으로 몇 날은 즐거울 거지.

손가락에 가득한 달밧*
풍성한 저녁을 위해
품삯 쥐고 집으로 가면

아이 셋 먹일 수 있어서
가장일 수 있어서

히말라야가 고마운 거지.

*달밧 : 네팔인들이 가장 즐겨 먹는 식사

ANNAPURNA-APPROACH
LODGE
AND RESTAURANT
DOVAN

너무 늦은 것은 아닌지

일흔둘
평지도 버거울 노구老軀

묻지 않았습니다.
산을 오르는 이유

나보다 먼저 가서
나보다 늦게 닿는 이유

나보다 더 많은 나날들
히말라야에 부리는 이유

그의 갈 길이 정해진 것처럼
내 갈 길도 뻔히 보이는 이유

산을 마음에 담은 뒤
당신이 그립지 않는 이유

보이지 않아도
볼 수 있는 이유

ABC*에서 춤을

안나푸르나 베이스 캠프
춤추는 아가씨
타이완 아가씨

롯지 식당 의자 사이
손전화기 한국 노래에 맞춰
설산을 휘감는 구름인 듯
흔들리는 몸매

편두통 메스꺼움
고산증도 아랑곳없는 젊음

저 눈부심

반수면半睡眠으로 누운 채로는
가닿기도 힘든
다른 차원의 거리

하산을 예고하는
설산의 배려

*Annapurna Base Camp의 머리글자

성형 수술에 관한 엉뚱한 보고서

시누와 롯지 주인장 아들
손전화 두 대나 있는 젊은이
한국 여행이 꿈이라더니
서툰 영어로 내게 묻습니다.

성형 수술을 많이 한다면서요?

한국 가요도 아니고
한국 음식도 아니고

철 지난 드라마를 들먹이며
여전히 한국을 꿈꾸는 그
성형 병원을 구경하고 싶다는 그
성형한 여인네를 보고 싶다는 그

내가 초친 것은 아닌지
꿈을 짓밟은 것은 아닌지

서울 어느 하늘을 굽어보는
그의 눈빛이 안 잊힙니다.

외등이 있는 골목

외등 하나 고개 숙여
흐릿한 클럽 간판을 보듬는
포카라 호수 길

이국의 담배꽁초와
널브러진 전단지들

표정 없이 쓸어 담는
비를 든 손길 하나

나그네는
어디로 걸음하는지

한동안 물끄러미 발길만 무겁습니다.

카트만두, 한국 음식점

피곤이 함께 하는 여행 말미
한식당 의자에 몸을 걸칩니다.

25년도 더 된 식당
상을 본 주인 할머니
곁에 앉아 할 말이 많습니다.

패망한 왕조의 후원에 앉아
그이가 풀어놓는 망향가
소주 한 잔에 잘 말아
입맛이 돕니다.

카트만두 타멜 거리*
새롭게 올라가는 빌딩 사이
비밀을 벗겨내듯 골목에 들면

황태해장국 뽀얀 국물같이
이야기 진하게 우려 내는
비원祕苑, 불이 밝습니다.

*Tamel Street : 카트만두 시내 여행자의 거리.

부처 두상 줄다리기

잠깐 들른 타멜 밤거리
객이 오는지 마는지
손전화에 코 박은 주인장
통통한 얼굴, 기름기도 번지르
매상은 관심도 없고

비닐에 싸인 부처 두상
비닐 가득 먼지가 안쓰러워
집에 모셔 왔습니다.

그가 남긴 이문이 얼마인지
내가 쓴 바가지가 얼마인지
셈해 무엇하리오.

거실에 오롯이 자리 잡은 저 미소
볼 때마다 겹치는 순박한 사람들

잘했습니다, 모셔오길
고맙습니다, 눈에 들어서

VIP
LOULAN CHINESE
KATHMANDU GEMS
尼泊尔珠宝

무료 안마 의자

홀로 11시간 환승 대기 중
사람 아니 그리울까

시간은 외로움의 지층地層
쌓일수록 견고한 슬픔

안마 의자 깊은 골
눈꺼풀만 무거운데
젊은 연인 포개고 앉아
모터 소리 유난합니다.

소리는 파장을 만들고
파장은 또 쌓일 새가 없습니다.

한때 나의 시간도 저러해서
이 쓸쓸함 견디고 있으니

등 뒤 누군가 손 얹어
날 쓰다듬지 않아도 괜찮은
광저우 공항, 무료 안마 의자

B-5922
AIRBUS A330-300

■해설

느림의 미학으로 새 삶을 견인하다

박 몽 구
(시인·문학평론가)

몇 년 전 방영된 〈차마고도〉라는 TV 프로그램을 흥미롭게 본 적이 있다. 중국의 운남성이나 사천성 등의 농부들이 가을에 거둔 찻잎을 가득 실은 나귀를 이용하여 히말라야 설산을 넘어 동방으로 가 소금이나 생필품과 맞바꾸어 돌아오는 긴 여정을 담은 드라마이다. 이 장편 드라마를 보면서 중국 내 소수민족들의 부지런함과 면면한 인내심에서 적잖은 감동을 받았다. 다른 한편으로 좀 돌아가더라도 편한 길을 택하지 않고, 왜 저토록 가파른 히말라야의 설산을 넘어서 갈까 하는 생각도 들었다.

처음에는 문명을 등진 소수민족의 기행이려니 여겼지만, 차츰 생각이 바뀌었다. 그것은 저들에게 히말라야는 단순히 넘기 어려운 고산지대라기보다 일종의 종교요 믿음의 본적지라는 생각이 들었기 때문이다. 어떤 이들은 몇 달이 걸리는 설산을 오체투지하며 오르기도 하는 걸 보았는데, 히말라야는 극복의 대상이라기보다 사람에게 겸손을 가르치고 자족하며 사는 길을 일러주는 스승이다 싶기도 하였다.

그 같은 경험은 티벳을 지척에 둔 중국의 변방 칭하이 고산지대에서 만난 사막 유채꽃이 피어 있는 모습에서도 확인할 수 있었다. 일년 내내 비 한 방울 내리지 않는 퍅퍅한 고산지대에서 어떻게 살아갈 수 있나 했더니, 이 꽃은 몸을 바닥에 붙인 채 새벽에 내린 이슬 한 방울을 보석처럼 간수하며 살아가고 있었다. 풍요로운 땅에서는 그저 하찮은 물 한 방울이 이들에게는 더없이 값나가는 보석이 되는 경이로움 앞에서 고개가 절로 숙여졌다.

장우원 시인이 세 번째로 엮는 시집 원고를 읽으면서 새삼 이 같은 히말라야가 간직한 비의를 다시 만날 수 있었다. 이번 시집은 50편의 시 전부가 히말라야의 거봉 가운데 하나인 안나푸르나를 대상으로 하고 있다. 9월 네팔의 카트만두에 도착하여 히말라야 아래 여행자들의 집결지인 '포카라'를 거쳐 해발 4,200미터 지점 안나푸르나 베이스 캠프(ABC ; Annapurna Base Camp)를 등정하고 돌아오기까지 열흘이 넘는 여정을 시공간적 배경으로 삼고 있는 시집이다. 그는 일련의 시들을 통해 히말라야라는 거대한 산이 던지는 메시지를 묵상하면서, 그를 바탕으로 자신이 걸어온 삶을 돌아보고 앞으로 갈 길을 비판적으로 모색하고 있다.

평범한 사람으로서 난생처음 구름에 가려져 아득한 정상이 보이지 않는 안나푸르나를 오체투지하듯 등정하면서 느낀 감회를 시로 옮기고, 자신을 비워가는 모습이 절절하게 다가온다. 안나푸르나는 네팔의 히말라야 중부에 위치한 연봉連峰으로, 산스크리트어로 '수확의 여신'이라는 뜻을 가지고 있다. 이런 별칭과는 어긋나게 설산은 낯선 산행객에게 참기 힘든 고통과 두려움을 안겨줄 뿐이지만, 보이지 않는 내면의 수확을 거두는 여정을 절절하게 그려낸 보기 드문 작품집이다.

나무가 덩굴을 업고
덩굴은 또 다른 나무를 붙들고
숲을 이루었습니다.

히말라야의 숲

당신과 나
손을 내밀어 숲이 되기에는
우리 둘 사이
그리움의 깊이가
너무, 얕습니다.

-「숲을 생각하다」 전문

시인이 만난 안나푸르나는 다양한 얼굴을 지녔던 것 같

다. 낮은 산자락에서는 비구름 사이로 궂은비가 내리다가 천길 폭포가 굽이치기도 하지만, 3천 미터를 넘어서면 언제 그랬냐는 듯 곳곳에서 크레바스가 도사린 설산이 와락 달려들기도 한다. 그렇지만 안나푸르나는 조금도 흔들리지 않는 가운데 파란 하늘을 향해 해맑은 얼굴을 들고 있다. 시인은 서로 다른 지체들이 배격하지 않고 어울려 거봉을 이루는 모습을 '나무가 덩굴을 업고/ 덩굴은 또 다른 나무를 붙들고// 숲을 이루었습니다./ 히말라야의 숲'이라고 묘사한다. 그리고 바로 그 대척점에 선 사람살이의 모습을 '당신과 나/ 손을 내밀어 숲이 되기에는/ 우리 둘 사이/ 그리움의 깊이가/ 너무, 얕습니다.'라고 진술한다. '숲'이라는 상징 시어를 통하여 서로가 차이를 인정하고 감싸야 할 텐데, 그렇지 못한 채 가까울수록 마음의 거리가 더 벌어져가는 오늘의 세태를 묵시하고 있는 셈이다.

결핍에서 새로운 길의 입구를 발견하다

이렇듯 이번 시집의 주요 관심사 가운데 하나는 안나푸르나의 무궁한 자연의 함의를 읽어내면서, 풍성한 물질과는 반대로 정신적 빈곤에 허덕이는 세속의 삶을 되돌아보는 것이다. 시인은 수없이 다른 얼굴을 보여주는 히말라야의 숲길을 걸어가면서 구도의 자세로 자연이 묵언으로 던지는 메시지를 마음의 귀로 듣는다. 때로는 고산증에 시달리기도 하지만 오체투지의 자세로 한발 한발 산길을 오르며 마음을 열어간다.

짊어져야 할 삶의 무게가 얼마인지
여기서는 보입니다.

제 삶을 감당하고
산을 오르는 사람은
모두 등이 휜 채 걸어갑니다.

얼마나 더 휘어야
다시 펼 수 있을지
굽혀 보지 않은 사람은
짐작할 수 없습니다.

꼿꼿이 허리 편 채로
산을 오르는 이 부끄러움은
여기 히말라야에서
온전히 제 몫입니다.

-「움직이는 힘」 전문

있어야 할 곳에
어김없이 놓인 돌들

누군가 손으로
그 돌들을 옮긴 후
너비를 가늠하고

턱턱
발힘으로 눌렀을 것입니다.

비 오는 히말라야
그 돌들을 밟고 갑니다.

흙탕물을 피하고
진창을 건넙니다.

히말라야를 오르는 발걸음은
징검돌에 숨은
사람을 더듬는 일입니다.

-「걸음을 예감하듯」 전문

인간의 힘으로는 좀처럼 오르기 힘든 비밀을 들려주는 시편들을 골라 보았다. 시인은 앞에 든 시에서 '제 삶을 감당하고/ 산을 오르는 사람은/ 모두 등이 휜 채 걸어갑니다'라고 언술함으로써 산행객을 대신하여 무거운 짐을 진 채 거칠고 가파른 고봉을 오르는 세르파들을 묘사하고 있다. 여기서 '등이 휜 채' 걷는 세르파는 단순히 가난한 네팔 사람들만이 아닌 무릇 지상에서 묵묵히 무거운 짐을 마다하지 않고 진 채 살아가는 기층민들의 제유提喩일 것이다. 시인은 결구에서 '꼿꼿이 허리 편 채로/ 산을 오르는 이 부끄러움은/ 여기 히말라야에서/ 온전히 제 몫입니다'라고 언술함으로써 함께 살아가는 이웃들에게 어려움을 떠안긴 채 곧고 깨끗하게 걸어가는 것이 얼마나 부끄러운 일인가를 환기하고 있다.

뒤에 든 시에서는 무엇이 길고 힘든 산행에서 낙오하지 않고 걸어가게 해주는지를 투시하고 있다. 시인은 '있어야 할 곳에/ 어김없이 놓인 돌들// 누군가 손으로/ 그 돌들을 옮긴 후/ 너비를 가늠하고/ 턱턱/ 발힘으로 눌렀을 것입니다.'라고 말하고 있다. 이는 산행 도중 어려운 고비를 만날 때마다 앞선 사람들이 온갖 어려움을 감내하면서 길을 내고 징검다리를 만든 역사를 환기하는 것이다. '발힘'이라는 상징어는 기계의 힘을 빌리거나 서투른 잔재주로 어설프게 만든 산길이 아니라 앞선 자들이 피땀을 흘리고 위험을 감수하며 거친 물살, 가파른 바위를 헤치며 등산로를 열었음을 함축하고 있다. 이것은 오늘 우리가 편하게 길을 갈 수 있는 건 앞서간 이들이 피땀 흘리며 먼저 열어간 길 덕분이라는 사유를 담지한 알레고리이다. 시인은 결구를 통해 '히말라야를 오르는 발걸음은/ 징검돌에 숨은/ 사람을 더듬는 일'이라고 말하는 것 역시 그 같은 사유의 연장선상에 놓여 있다.

노새가 지난 자리
발 딛기 좋은 자리

사람만 가진 게 아닙니다.
마음을 헤아리는 눈
그래서

설산이 전하는 말
방울에 쓸어 담고
노새는
고요가 깃든 마구간에
조용히 풀어놓습니다.

-「노새가 잠드는 시간」 부분

마음대로 핀 꽃은 없습니다.
때를 기다려 싹을 틔우고
날을 기다려 꽃을 피운 뒤
흰 눈 내리면
지상과 이별합니다.
뿌리는 뿌리대로
씨앗은 씨앗대로
미련을 두지 않습니다.

해와 달이 뜨고
해와 달이 지듯이

-「꽃의 운명」 부분

장우원의 이번 시집에서 주목되는 것 가운데 하나는 작고 보잘것없는 것들에 대한 관심과 연대 의식이다. 그 같은 관심은 비단 부족함을 탓하지 않고 히말라야의 품에 안겨 살아가는 사람들에 그치지 않는다. 긴 산행길을 묵묵히 동행하며 무거운 짐을 들어주는 노새, 살아 있는 것이라곤 찾아

보기 어려운 고산지대의 차가운 날씨를 이기며 피어 때 묻지 않는 미소를 건네는 꽃 한 송이 등 무릇 생명을 가진 모든 것들로 확대된다. 질 들뢰즈는 그의 유명한 저작 『천개의 고원』에서 각기 고원을 이루어 살아가는 온갖 삶의 모습들을 펼치고 있다. 고구마 줄기처럼 트리 구조가 아니라 평등과 연대의 구조를 넓혀가며 살아가는 군상들에 대해 언급하고 있다. 그러면서 묵묵히 스스로 노동하며 생산의 주체가 되고 있는 점에 비추어, 사람뿐만 아니라 동물, 꽃, 사물 등을 '기관 없는 신체' 개념을 통해 한동아리로 묶고 있다. 이들은 하나같이 생산을 하지만 제대로 된 대가를 받지 못한 채 '욕망하는 기계'에 의하여 제어당하고 부림을 당하며 살아가는 존재로 파악하고 있다.

장우원이 안나푸르나 산행에서 만난 노새는 노동함으로써 제 앞길을 헤쳐가는 존재라는 점에서 재화의 생산에 투입된 노동자와 같은 존재이다. 시인은 '노새가 지난 자리/ 발 딛기 좋은 자리'라고 함으로써 몸이라곤 아끼지 않고 묵묵히 어려운 길을 앞서가는 산길 속 일하는 노새에 주목하고 있다. 이어지는 대목에서 시인은 '사람만 가진 게 아닙니다./ 마음을 헤아리는 눈'이라는 명제를 제시하고 있다. 똑같이 남을 위해 일하는 존재라는 점에서 사람과 노새를 연쇄의 고리로 한자리에 앉히고 있다. 나아가 시인은 '설산이 전하는 말/ 방울에 쓸어 담고/ 노새는/ 고요가 깃든 마구간에/ 조용히 풀어놓습니다'라고 언술함으로써 말 못하는 노새일망정 참생명의 가치를 갈무리할 줄 안다는 사유를 펼치고 있다. 이는 노새라는 환유를 통해 무릇 세상은 일하지 않는 가진 자들이 아닌 온몸을 아끼지 않고 묵묵히 이타행을 실천해가는 낮은 존재들이 일군 희망을 씨앗으로 하여 굴러간다고 힘주어 말하고 있다.

뒤에 든 꽃을 제재로 한 작품의 경우에도 이 같은 사유의 연장선상에서 파악할 수 있다. 시인은 '마음대로 핀 꽃은 없습니다.// 때를 기다려 싹을 틔우고/ 날을 기다려 꽃을 피운 뒤// 흰 눈 내리면/ 지상과 이별합니다'라고 언술함으로써 꽃 역시 오늘을 지탱하면서 밝은 내일을 열어가는 생산자라는 점에 주목하고 있다. 즉 길손들에게 꾸밈없는 미소를 건네고, 열매를 널리 퍼뜨려 히말라야를 풍요롭게 가꾸는 꽃이야말로 묵묵히 아름다운 세계를 위해 일하는 자라는 인식을 드러낸다. 히말라야 산길에서 만난 이름 없는 꽃을 통하여 세계 속의 낮은 자들이 대가를 바라지 않으며 묵묵히 생을 불사르는 데 외경과 찬미를 보내고 있는 셈이다. 나아가 낮은 자리를 묵묵히 견디며 살아가는 히말라야의 거친 식생을 통해 우리가 잃고 있는 생명의 윤리를 환기하고 있다.

느린 산행에서 느림의 미학을 견인하다

그와 함께 이번 시집에서 장우원이 주목하고 있는 것은 느리게 살아가는 일의 미덕이다. 눈부시게 핑핑 돌아가는 자동차며, 거미줄같이 세계를 엮는 인터넷이며, 유리벽 안에 온갖 상품들이 산을 이룬 백화점은 없다 할지라도 느리게 살아가는 히말라야에 숨어 있는 삶의 비의를 발견한 대로 제시하고 있다. 질 들뢰즈가 고정적인 가치를 배제한 늘 새로운 자리를 모색하는 유목에서 삶의 진정한 가치를 발견하듯, 안나푸르나 산행에서 목도한 느린 걸음, 느긋한 시간에서 잃어버린 삶의 의의를 되찾을 수 있다고 보고 있다.

천천히 걸어야 보입니다.

는개에 가린 숲
는개가 삼킨 산

고개를 넘는 바람에 밀려
느리게, 느리게
옷 벗는 히말라야

산에 드는 일은
서툴지라도
힘들더라도
더디 가야 쉽습니다.
눈인사를 하는 꽃
팔 벌리는 나무들
안개를 쪼아 먹는 새 울음까지

히말라야는
천천히 걸어야 온전히 다가옵니다.

-「느린 걸음으로」 전문

시인은 '천천히 걸어야 보입니다'라는 명제로 안나푸르나 산행에서 거둔 결실을 갈무리하고 있다. 이어서 '는개에 가린 숲/ 는개가 삼킨 산// 고개를 넘는 바람에 밀려/ 느리게, 느리게/ 옷 벗는 히말라야'라고 묘사함으로써 세계의 지붕인 히말라야도 그 위용을 선불리 보이는 법은 없으며 느긋하게 기다릴 때 비로소 만날 수 있다고 말한다.

여기서 히말라야를 진리라는 말도 대체해도 좋을 것이다. 즉, 쉽고 발 빠르게 결실을 드러낸 삶은 허상일 뿐이며 느긋하게 전모를 드러내는 말이야말로 참다운 삶의 길이라는 인식을 담고 있다. '산에 드는 일은/ 서툴지라도/ 힘들더라도/ 더디 가야 쉽습니다. … 히말라야는/ 천천히 걸어야 온전히 다가옵니다'는 결구는 그 같은 사유가 단단하게 함축된 것이다. 시인에게 히말라야는 참다운 삶을 찾아가는 도정의 환유인 셈이다.

징검다리 하나 놓고
그리움 이끄는 대로

바람에 풀잎 몸을 맡기듯
흔들리는 마음 그대로

낮은 곳을 찾는 물처럼
당신께 흐르겠습니다.

흘러서 다시 만나는 길
찾겠습니다, 물처럼

-「물이 이르는 말」 부분

높은 곳에 뿌리 내리면
멀리 볼 수 없습니다.

자연스레 낮아지는 욕망

저 작은 들꽃들
흔들리며 알려주고 있습니다.

사람살이도 이와 같아서
높이를 키우는 일보다
뿌리를 다지는 일이 우선입니다.

-「높이 오를수록」 부분

히말라야에서 물과 꽃을 통하여 구체적으로 느림의 미학을 형상화한 작품이다. 앞에 든 작품에서 시인은 '징검다리 하나 놓고/ 그리움 이끄는 대로// 바람에 풀잎 몸을 맡기듯/ 흔들리는 마음 그대로' 물은 흐른다고 말한다. 고산준령에 걸쳐 흐르는 물은 지상에서 흔히 만나는 강물처럼 도도하게 흐르지는 않지만, 때로는 폭포가 되었다가 가늘어졌다가 끝내는 숨기도 하지만 다시 제 길을 찾아간다는 것을 시인은 목도하고 있다. 이것은 인간의 삶 역시 때로는 넉넉하거나 때로는 쪼들리기도 하지만 묵묵히 갈 때 제 길로 접어든다는 사유와 맥락을 함께 하는 알레고리이다.

뒤에 든 시에서 시인은 '높은 곳에 뿌리 내리면/ 멀리 볼 수 없'다는 명제 제시를 통해 세속에서 높은 자리에 안주하는 사람은 멀리 보지 못한다는 아이러니를 환기한다. 이어지는 대목에서 '자연스레 낮아지는 욕망// 저 작은 들꽃들/ 흔들리며 알려'준다고 말함으로써, 욕망을 버릴 때 삶은 꽃으로 결과한다는 사유를 이끌어내고 있다. 시인은 결구를 통해 '사람살이도 이와 같아서/ 높이를 키우는 일보다/ 뿌리를 다지는 일이 우선'이라고 일갈한다. 이는 들뢰즈의 리좀(rhizome) 개념과 맥락을 같이 하는 사유이다. 리좀을 생물학적으로 말한다면 줄기가 변하여 된 땅속줄기를 가리킨다. 하나의 뿌리로 귀착되는 나뭇가지 구조와 달리 이런저런 줄기들이 중심 없이 분기되고 접속되는 고구마 같은 구조를 가리키는 개념이다. 상승을 통한 독점적 지배의 미학보다 평등한 연대를 통해 옆으로 옆으로 퍼져가는 구조를 구축할 때 한 사회는 밝은 내일을 열 수 있다는 것이다. 시인이 히말라야에서 목도한 것은 스스로를 낮추면서 이웃들을 사랑으로 포옹해 가는 미학이었음을 짐작할 수 있다.

높아질수록 작아지는 키
풀도 나무도 사람도

설산을 향한 경배
설산 위 하늘을 향한 경배

마침내 모든 제물이 사라지고
흑백으로 남은 풍경
안나푸르나

새 한 마리 봉우리를 맴돌고
운무 속 무지개가 뜨면
살아 있다는 것만으로
시큰한 콧등

가까이 와서야 비로소 가늠하는
당신의 깊이

헤집어도 닿지 않는
아직도 까마득한 그 깊이

-「설산을 경배함」 전문

장우원은 꼬박 밤낮 엿새에 이르는 안나푸르나 산행의 의의를 위의 시와 같이 함축하고 있다. 안나푸르나는 네팔 중부지방 히말라야 산맥에 걸쳐 있는 다섯 연봉連峯을 가리킨다. 제1봉이 해발 8,091미터에 달하는 세계에서 열 번째로 높은 산이다. 시인은 4천여 미터 높이의 산자락에 자리잡은 베이스캠프까지 가면서 안나푸르나의 위용을 목도한 바 있다. 그런 안나푸르나를 가리켜 '고도가 높아질수록/ 키는 작아집니다./ 풀도 나무도 사람도 … 마침내 모든 제물이 사라지고/ 흑백으로 남은 풍경'이라고 안나푸르나를 묘사하고 있다. '작아진다', '사라진다', '흑백으로 남는다' 등 뫼비우스의 띠처럼 잇따르는 환유를 통하여 거대한 산이 인간에게 정복욕을 불러일으키기보다 겸양과 절제의 미덕을 일깨워 준다고 말하고 있는 셈이다.

아울러 이어지는 대목에서 '새 한 마리 봉우리를 맴돌고/ 운무 속 무지개가 뜨면/ 살아 있다는 것만으로/ 시큰한 콧등// 가까이 와서야 비로소 가늠하는/ 당신의 깊이'라고 말함으로써 세계의 지붕을 이루고 있는 거봉을 통해 생명의 소중함을 환기시킨다.

시인은 그의 산행기에서 '잠깐씩 비구름이 벗겨질 때마다 천길 직벽 여기저기에 폭포수가 떨어지고 4천미터가 넘는 준봉들이 위협하듯 거무스레한 얼굴을 내비쳤다. 옮기는 발걸음마다 노랗고 붉고, 희게 핀 꽃들. 나무들은 굵게 자라기보다 높게 자란다. 햇빛을 많이 보려는 당연한 결과이다.

그 나무들 대부분은 뿌리 쪽에 흙이 보이지 않고 초본류와 덩굴식물로 덮여 있다. 그 위로 두툼한 지의류가 자라고, 또 그 속에 뿌리를 내린 작은 풀들이 꽃을 피웠다. 아름다운 공생. 어떤 나무들은 숫제 덩굴식물이 뒤덮어 본래 한 몸처럼 보이기도 한다'고 밝히고 있다. 거대한 산을 이루는 것은 배제와 고사가 아닌, 큰 것과 작은 것들의 아름다운 공존이라는 발견을 선사하고 있다.

나의 길은 여기까지

다시 눈이 쌓이어
왔던 길은 사라지고
새길이 돋을 때까지

처음 당신을 찾아갔듯
길을 내며 걸을 때까지

흐른 시간만큼
믿음이 두터워질 때까지

아무런 표식 없이도
온전히 발 디딜 때까지

안나푸르나 앞에서
사라진 길

-「길이 없으니」 부분

일흔둘
평지도 버거울 노구老軀

묻지 않았습니다.

산을 오르는 이유

나보다 먼저 가서
나보다 늦게 닿는 이유

나보다 더 많은 나날들
히말라야에 부리는 이유

그의 갈 길이 정해진 것처럼
내 갈 길도 뻔히 보이는 이유

산을 마음에 담은 뒤
당신이 그립지 않는 이유

보이지 않아도
볼 수 있는 이유

-「너무 늦은 것은 아닌지」 전문

안나푸르나를 둘러싼 사유가 확장되는 두 편의 작품이다. 시인은 거대한 설봉 앞에서 사라진 길에 주목한다. 한편 당혹스럽기도 하고 위험을 느끼기도 하겠지만 시인은 이제껏 걸어온 길을 고집하기보다 깨끗이 버려야 한다고 말한다. 즉 '나의 길은 여기까지// 다시 눈이 쌓이어/ 왔던 길은 사라지고/ 새길이 돋을 때까지'라고 언술함으로써, 반성적 시각으로 새길이 보일 때까지 기다려야 한다고 강조한다. 이어지는 대목에서 시인은 '처음 당신을 찾아갔듯/ 길을 내며 걸을 때까지 … 아무런 표식 없이도/ 온전히 발 디딜 때까지' 기다려야 한다고 말한다. 그것은 문명이 불러일으킨 욕망의 파도에 휩쓸리지 않고 참다운 삶의 길이 보일 때까지 느긋하게 이타행을 실천하며 기다리는 것이다. 문명이 주는 풍요와 편리함을 뿌리치고 첫 마음으로 돌아갈 것을 권면하고 있는 셈이다.

뒤에 든 작품에서 시인은 안나푸르나 산행의 결산이라고 해도 좋을 삶의 비밀을 건네주고 있다. 아마도 화자가 이 시에서 만나고 있는 숨은 화자는 안나푸르나 산행을 도운 세르파족 늙은 안내인으로 보인다. 시인은 고산병 등 고난을 감수하며 산행을 하는 것은 '나보다 먼저 가서/ 나보다 늦게 닿는 이유// 나보다 더 많은 나날들/ 히말라야에 부리는 이유'를 찾기 위해서라고 말한다. 무거운 짐을 지고 앞서가며 길을 닦아놓은 세르파 노인이 험한 산행에 낯설고 힘들어하는 외지인 친구를 보낸 다음, 눈보라를 막아주며 뒤따라오는 광경이 흐뭇하게 떠오른다. 시인은 결구 부분에서 '산을 마음에 담은 뒤/ 당신이 그립지 않는 이유'를 발견한다. 그것은 남에게 의지하기보다 스스로 느리게 이웃을 먼저 생각하며 살아가는 삶의 길을 궁행해야 하리라는 깨달음과 따스한 고리를 만들고 있다.

이 밖에도 이번 시집에는 흥미롭게 읽히는 대목이 적지 않다. 힘들고 지루한 거봉 산행에서 견인하는 참다운 삶의 길도 흥미롭지만 체험을 중심으로 여정을 즉물적으로 묘사한 시편들도 독자들의 흥미를 끌기에 부족함이 없다.

늙은 셔틀버스는
쿨렁거리는 기침을 뱉으며
꽁무니 화물칸을 끕니다.

빗속에 좌선坐禪 중인 붓다 비행기
어서 오라는 듯 팔을 벌리고
컨베이어 벨트도 하나 없이
손들이 바쁘게 짐을 싣습니다.

시간을 되돌리는 일이
이렇게 순간입니다.

안나푸르나
온몸으로 가야 한다는 뜻
말없이 알려주고 있습니다.

-「카트만두 국내선 비행장」 전문

생생한 여행길을 함께하는 시

카트만두에서 안나푸르나에 이웃한 포카라 공항까지 데려다줄 경비행기가 뜨는 공항의 풍경이 생생하게 그려진 작품이다. '쿨렁거리는 기침을 뱉는 늙은 셔틀버스', '빗속에 좌선坐禪 중인 붓다 비행기', '컨베이어 벨트도 하나 없이 손들이 바쁘게 싣는 짐' 등의 제시를 통하여 모든 것이 부족한 현지의 사정을 전해준다. 그런데 아무리 되풀이해서 읽어도 낡았다거나 뒤졌다는 느낌은 들지 않는다. 히말라야를 가는 길이 비단길이 아니듯 우리네 삶은 좀 더 불편해지고 느려져야 한다는 사유를 환기시켜 줄 뿐이다. 시인은 이를 가리켜 '시간을 되돌리는 일'이라고 말한다. 좀 더 느려지고 자신을 돌아보는 시간을 가져야 할 필요가 있음을 독자들에게 일깨워 주는 경구이다. 시인은 '안나푸르나'와 '온몸으로 가야 하는 (길)'을 은유의 다리로 연결함으로써 우리네 삶은 고행을 통해서 비로소 거듭날 수 있으며, 그 한 길이 안나푸르나 산행이라고 넌지시 귀띔해 주고 있다.

시인은 여행 도중의 생체험을 '혼돈은/ 선이 없기 때문이 아니라/ 선을 믿기 때문에 생깁니다'(「선 없는 도로」), '길을 막은 굴삭기는/ 장애물이 아닙니다.// 경적 한 번 울리지 않는 운전사/ 굴삭기는 희망입니다'(「돌아가는 길」), '티끌 한 줌 보태어도/ 변함없는 산/ 품 너무 아득하여/ 가늠 없는 산'(「설산 저기에 누군가」) 등 굽이굽이 안나푸르나 여정의 풍경들을 즉물적으로 묘사하고 있다. 여정의 이모저모를 생생하게 전해주면서도 우리가 딛고 선 자리를 돌아보게 하는 경구를 마음에 새겨주는 시들이 적지 않다.

이 같은 보기 드문 안나푸르나 산행의 여정을 기록한 생생한 사진들이 시와 나란히 수록되어 시인이 걷는 길을 생생하게 들여다볼 수 있도록 한 점도 이 시집의 백미 가운데 하나이다.

이제까지 장우원의 세 번째 시집 『안나푸르나 가는 길』이 갖고 있는 시의 미덕을 여러 모로 짚어 보았다. 우선 시인의 생체험에 바탕하여 세계의 지붕 안나푸르나만을 공간으로 택하여 다양한 시적 시도를 하였다는 점에 주목이 간다. 시인이 일상에서 벗어나 이렇듯 고된 산행에 나서기도 어렵지만 장우원은 그것을 자신의 묵은 마음을 벗고 신선한 새살이 돋게 하는 계기로 삼고 있다는 점이 돋보인다.

이번 시집의 주요 관심사 가운데 하나는 안나푸르나의 무궁한 자연의 함의를 읽어내면서, 풍성한 물질과는 반대로 정신적 빈곤에 허덕이는 세속의 삶을 되돌아보는 것이다. 시인은 앞서간 사람들이 험한 바위와 설봉에 온몸으로 부딪쳐 내놓은 길을 걸으며, 자신의 삶이 이웃들에게 빚지고 가는 것임을 알아간다. 그리고 그 자신도 오체투지의 자세로 삶 앞에 서야 하리라는 걸 절감한다.

작고 보잘것없는 것들에 대한 관심과 연대 의식 또한 주목된다. 그 같은 관심은 비단 부족함을 탓하지 않고 히말라야의 품에 안겨 살아가는 사람들에 그치지 않는다. 긴 산행길을 묵묵히 동행하며 무거운 짐을 들어주는 노새, 살아있는 것이라곤 찾아보기 어려운 고산지대의 차가운 날씨를 이기며 피어 때 묻지 않는 미소를 건네는 꽃 한 송이 등 무릇 생명을 가진 모든 것들로 확대되는 사유가 잘 갈무리되어 있다.

그와 함께 이번 시집에서 장우원이 주목하고 있는 것은 느리게 살아가는 일의 미덕이다. 눈부시게 핑핑 돌아가는 자동차며, 거미줄같이 세계를 엮는 인터넷이며, 유리벽 안에 온갖 상품들이 산을 이룬 백화점은 없다 할지라도 느리게 살아가는 히말라야에 숨어 있는 삶의 비의를 발견한 대로 제시하고 있다. 더디게 자라는 나무, 보이지 않게 흘러 만나는 물 등의 환유를 통하여 속도에 떠밀리는 오늘의 삶을 돌아보는 시각이 돋보인다.

또한 힘들고 긴 거봉 산행에서 견인하는 참다운 삶의 길도 흥미롭지만 체험을 중심으로 여정을 즉물적으로 묘사한 시편들도 독자들의 흥미를 끌기에 부족함이 없다. 단순히 시만이 아닌 풍부한 사진과 함께 수록되어 안나푸르나로 가는 길을 생생하게 함께 해주도록 하는 것도 우리들을 즐겁게 해준다.

장우원은 이 시집을 통하여 무작정 빠른 속도에 끌려가는 우리들에게 느긋하게 천천히 걸어보라고 권면한다. 그 같은 느림의 미학이 섣부른 주장이 아닌 생체험을 담은 시편을 통해 구현되고 있다는 점에서 주목이 간다. 모쪼록 그가 제시한 이 같은 미학을 더욱 발전시켜 우리시에 새로운 시의 영토를 넓혀주기 바라면서 작은 논의를 마친다.

안나푸르나 가는 길

초　판 펴낸날　2020년 10월 31일
증보판 펴낸날　2024년 2월 15일
지은이　장우원
펴낸이　박몽구
펴낸곳　도서출판 시와문화
주　소　13955 경기 안양시 동안구 경수대로883번길 33, 103동 204호(비산동, 꿈에그린아파트)
전　화　(031)452-4992
E-mail　poetpak@naver.com
등록번호　제2007-000005호(2007년 2월 13일)
ISBN　978-89-94833-61-3(03810)

정 가　12,000원